Enid Blyton
erzählt Geschichten aus der Bibel

Der kleine Jesus

Mit Bildern von Stephanie McFetridge Britt

ISBN 3-86122-261-2
Alle Rechte vorbehalten
Originaltitel: The little Boy Jesus
© 1993 by Three's Company/Angus Hudson Ltd
© Text: 1949 und 1993 by Darrell Waters Ltd
© 1996 by Verlag der Francke-Buchhandlung GmbH
35037 Marburg an der Lahn
Deutsch von Anne Meiß
Illustrationen von Stephanie McFetridge Britt
Satz: Druckerei Schröder, 35083 Wetter/Hessen
Printed in Singapore
TELOS-Kinderbuch Nr. 3983

Der kleine Jesus

Als Jesus noch ein Baby war, mußten ihn sein Vater und seine Mutter aus seiner Geburtsstadt Bethlehem fortbringen. Der böse König Herodes hatte nämlich seinen Soldaten befohlen, sie sollten alle kleinen Jungen umbringen.

Sie mußten fliehen und konnten erst in ihre Heimat zurückkehren, als ihnen ein Engel sagte, daß sie dort in Sicherheit wären.

„Steh auf", sagte der Engel zu Joseph, „nimm das Kind und seine Mutter und geh wieder zurück in dein Heimatland. Der König, der dein Kind töten wollte, lebt nicht mehr."

Und so packten Maria und Joseph ihre Habseligkeiten zusammen, sattelten den Esel und machten sich auf den Weg nach Hause.

„Laß uns nach Nazareth gehen", schlug Joseph vor. „Dort wohnen auch unsere Freunde. Da fühlen wir uns bestimmt wohl."

Und so kamen sie eines Tages in Nazareth an. Die Stadt lag hoch oben auf den grasbewachsenen Hügeln.

"Nun sind wir endlich wieder zu Hause", freute sich Maria. "Sieh doch nur, wie sich die kleinen weißen Häuser in der Sonne spiegeln. In einem dieser Häuser wollen wir wohnen, Joseph. Hier soll unser kleiner Jesus aufwachsen und lernen, dir in deiner Werkstatt zu helfen."

So kam es, daß Jesus in einem der kleinen weißen Häuser auf den Hügeln Nazareths aufwuchs.

In dem kleinen Haus richtete sich Joseph eine Zimmermannswerkstatt ein. Maria und Jesus liebten die Geräusche des Hämmerns und Sägens. Oft ging Jesus in die Werkstatt und beobachtete seinen Vater bei der Arbeit. Manchmal hob er einen schweren Hammer hoch, oder er spielte mit kleinen und großen Nägeln.

„Eines Tages kann ich dir helfen", sagte er Joseph. „Ich möchte auch ein Zimmermann werden."

Jesus tat all das, was die anderen Kinder in Nazareth auch taten. Er ging zum Brunnen und holte in einem steinernen Krug Wasser. Er ging auch auf den Hügeln spazieren und pflückte Blumen für seine Mutter. Er redete auch mit den Hirten und lauschte ihren Geschichten. Er spielte mit den Lämmern, hörte den Gesängen der Vögel zu und beobachtete, wie der Sämann über die Felder ging und den Samen ausstreute.

Seine Mutter erzählte ihm viele Geschichten. Er kannte die Geschichten von Noah und der Arche und von Daniel in der Löwengrube. Maria brachte ihm bei, Gottes Geboten zu gehorchen und jeden Tag mit Gott im Gebet zu sprechen. Jesus hörte sehr aufmerksam zu und merkte sich alles, was seine Mutter ihm sagte.

Als er groß genug war, ging er in die Schule. Er mußte auch seine Hausaufgaben erledigen. Aber er mußte noch etwas anderes lernen: das Gesetz Gottes.

Das Gesetz hatten jüdische Lehrer aufgeschrieben. Es gab dicke Bücher mit den wichtigen Gesetzen und mit den weniger wichtigen. Diese schrieben vor, wie die Menschen ihr Geschirr und ihre Kleidung waschen und all die anderen Kleinigkeiten des täglichen Lebens verrichten sollten. Manchmal war Jesus ziemlich erstaunt, wenn er sah, daß die Menschen sich so viele Gedanken über solche Nebensächlichkeiten machten und dabei die wichtigen Dinge, etwa zu anderen nett und freigibig zu sein, ganz vergaßen.

„Es ist doch bestimmt viel besser, wenn man so lebt wie die alte Sarah. Sie wohnt unten am Fluß des Hügels 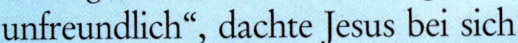 und ist zu jedem Menschen so nett, obwohl sie manchmal die weniger wichtigen Gebote vergißt. Jakobus dagegen hält sich immer genau an diese Kleinigkeiten, aber er ist die ganze Zeit so ungerecht und unfreundlich", dachte Jesus bei sich.

Zwölf Jahre alt

Einmal im Jahr hatten die Juden einen ganz besonderen Feiertag. Dann gingen sie normalerweise nach Jerusalem, wo der prächtige Tempel stand. Auch Maria und Joseph gingen gerne dorthin.

„Was macht ihr dort in Jerusalem?" fragte Jesus.

„Es werden Gottesdienste gehalten und verschiedene andere Veranstaltungen", sagte Maria. „Wir treffen viele Menschen und sehen unsere alten Freunde wieder. Es ist jedesmal aufregend und schön. Wenn du zwölf Jahre alt bist, dann nehmen wir dich mit, Jesus."

Und als er schließlich zwölf Jahre alt war, da erinnerte sich Maria an ihr Versprechen. „Du darfst mit uns kommen", sagte sie. „Du bist inzwischen ein großer Junge und kennst das Gesetz. Nun wird es Zeit, daß du mit uns in den Tempel gehst. Weißt du, du mußt nämlich versprechen, daß du die Gesetze halten wirst."

Jesus war ziemlich aufgeregt, wenn er an die lange Reise dachte. Er hatte schon so viel von Jerusalem und dem Tempel gehört. Nun war es soweit, er würde ihn wirklich zu Gesicht bekommen.

Endlich kam der große Tag. Joseph und Maria hatten alles für die Reise vorbereitet. Nun waren sie fertig. Joseph verriegelte die Tür ihres kleinen Hauses und lächelte, als er sah, wie aufgeregt Jesus war.

Auch andere Kinder kamen mit. Sie gesellten sich zu Jesus.

„Komm, geh mit uns!" riefen sie ihm zu. „Wir laufen den Hügel hinunter, dann über die Ebene zum Jordan. Los, komm doch mit!"

Es gab viel zu sehen auf der Reise. Jeder Tag war ein neues Abenteuer. Die Nächte brachten noch mehr Überraschungen: Sie saßen zusammen am Lagerfeuer und kochten das Essen. Und die Menschen sangen gemeinsam alte Lieder.

Jesus machte es viel Spaß, den Schein der vielen Lagerfeuer zu beobachten. Er lag gern im Gras und betrachtete die glänzenden Sterne am Himmel. Voller Freude lauschte er dem Singen der Lieder.

Dann kamen sie schließlich in Jerusalem an. Sie gingen zum heiligen Tempel. Jesus stand staunend da und betrachtete das herrliche Gebäude.

„Das also ist das Haus Gottes, meines himmlischen Vaters", dachte er. „Er wohnt hier, und ich gehe nun in sein Haus."

Jesus ging mit in den Tempel. Dort fühlte er sich Gott nah.

Maria und Josef nahmen ihn mit zu den weisen Männern. Diese machten ihn zu einem Schüler des Gesetzes.

„Jetzt gehörst du zu den Erwachsenen", sagten die weisen Männer zu ihm. „Du mußt nun alle Gesetze Gottes halten."

Und dann war das große Fest vorüber. Es wurde Zeit, nach Hause zu gehen.

„Es war doch schön, daß wir alle unsere Freunde von früher wiedergetroffen haben", sagte Maria. „Aber ich freue mich auch wieder auf zu Hause, auf unser kleines Häuschen."

Maria sah Jesus den ganzen Tag über nicht. Sie fragte sich, wo er wohl steckte. Sicher war er bei den anderen Kindern.

„Bestimmt kommt er heute abend zu uns, wenn wir im Freien übernachten", dachte sie. Aber es wurde Nacht, und es gab noch immer keine Spur von Jesus.

„Joseph, wir müssen ihn suchen", sagte Maria voller Sorge. „Geh und frag die anderen Jungen, ob sie wissen, wo er steckt."

„Nein, wir haben ihn nicht gesehen", antworteten die anderen Jungen. „Mit uns ist er nicht gegangen."

Keiner wußte, wo Jesus war. Niemand hatte ihn gesehen, seit sie Jerusalem verlassen hatten. Nun waren Maria und Joseph doch sehr besorgt.

„Wir müssen zurück nach Jerusalem", sagte Joseph.

So gingen sie den ganzen Weg wieder zurück. Aber nirgendwo entdeckten sie Jesus.

Drei Tage lang suchten sie alle Straßen Jerusalems nach ihm ab. Immer wieder fragten sie die Menschen: „Habt ihr unseren Jungen gesehen? Er heißt Jesus."

„Nun können wir nur noch an einer Stelle suchen", sagte Maria schließlich. „Im Tempel. Ihm hat es im Tempel doch so gut gefallen. Vielleicht ist er ja dorthin zurückgegangen."

Sie gingen los, um nachzuschauen — und da war er. Er war die ganze Zeit im Tempel gewesen!

Er hatte die weisen Männer gefunden, die sich besser als alle anderen im jüdischen Gesetz auskannten. Er hatte ihnen Fragen gestellt. Und sie konnten sie ihm nicht beantworten. Die weisen Männer staunten über diesen kleinen Jungen, der schon so viel über das Gesetz Gottes wußte.

Stunde um Stunde verstrich. Sie wollten ihn gar nicht mehr weglassen. Auch sie stellten ihm Fragen. Jesus hatte alles um sich herum vergessen, nur das eine interessierte ihn jetzt, nämlich all das herauszufinden, was er schon so lange wissen wollte. Im Tempel fühlte er sich Gott ganz nah.

Hier im Tempel gehörte er zu Gott, mehr als zu Maria und Joseph.

Dann erblickte er plötzlich seine Eltern. Sie sahen ihn ängstlich und besorgt an. Maria stürmte auf ihn los, Tränen der Freude in ihren Augen.

„Junge!" sagte sie. „Warum hast du das getan? Dein Vater und ich haben dich überall gesucht. Wir haben uns solche Sorgen gemacht."

Jesus war überrascht. „Aber habt ihr euch denn nicht denken können, wo ich bin? Ich mußte einfach in das Haus meines Vaters gehen, um all das zu erfahren, was ich wissen muß."

Er ging mit Maria und Joseph nach Hause. Nun war er wieder ihr Sohn, der ihnen gehorchte.

Er lebte sich wieder in Nazareth ein und half seinem Vater und seiner Mutter, bis er erwachsen war. Aber noch oft dachte er über das nach, was er im Tempel erfahren hatte.